Raphael Seitz

Die Reise nach innen

13 gedichtete Geschichten

Raphael Seitz

Die Reise nach innen

13 gedichtete Geschichten

Impressum:

© 2017 Raphael Seitz

Herstellung und Verlag:

BoD – Books on Demand, Norderstedt

ISBN: 978-3-7448-3071-3

2. Auflage

raphael.seitz@gmail.com

Inhalt

Die Reise nach innen

Ich wollte meinen Horizont erweiten
Zu einem gescheiten
Menschen reifen
Der zum Begreifen
Dieser Welt auf große Reisen geht
Damit er mehr von ihr versteht.

So machte ich mich also auf die Such'
Im Gepäck nur Proviant und Tagebuch
Und ohne Rücksicht auf Verlust
Mit 'nem Kompass gepolt auf Abenteuerlust
Wollt' ich über die Grenzen des Tellerrands hinausschauen
Mir als Lebenskünstler was Interkulturelles erbauen.

So reiste ich durch vieler Herren Länder
Trug im Herzen manch bunte Gewänder
Durfte ferne Landschaften mit eigenem Auge erblicken
Statt nur Postkarten-Motive davon zu verschicken.
Und fremde Gewürze umspielten meine Sinne
So als ob das Leben täglich neu beginne.

Ich kam in verwunschene Städte
Wo das Leben als wilde Wette

Auf den Straßen spielt und auch nach Mitternacht
Mir auf den Märkten zulacht
Und mittendrin ein manisches Menschentreiben
Wo Träume gelebt werden, auch wenn sie unerfüllt bleiben.

Lieder klingen
Stimmen singen
Münzen klirren
Mücken schwirren.

Und die Händler werden mit ihrer Ware eins
Doch wenn ich wahrlich eins
Begreife, dann eigentlich nur:
All mein bisheriges Leben und Streben
Nach Unendlichkeit auf zeitlosen Wegen
Kreuz und quer & hin und her
War doch nur ein Ausflug ins Reich meines Selbst
Da du nur dort alte Sichtweisen erhellst.

Jede kulturelle Erfahrung schmiedet zwar wunderbar
Das eigne Lebenseisen in markante Form
Doch wird auch die längste Weltreise zur Norm
Wenn das Erlebte im Innersten nicht zur Blüte reift
Der Alltag nicht nach diesen Früchten greift.

Das sagt sich einfach und klingt sehr klug
Aber wer kennt nicht der Blender Unfug?
Heiße Luft in Schlösser und Worthülsen einzubetten
Um sprachlich schön verpackt die Welt zu retten.

Letztens war ich bei 'nem Freund zuhaus'
Aß gar leckeren Gaumen-Schmaus
Und auf meinem Brettchen stand in rot:
„Heut' mach ich mir kein Abendbrot
Heut' mach ich mir Gedanken."
Diese Worte brachten mich ins Schwanken…

Ich erhob die Stimme und reckte die Hand
Bereit, den Generalstreik auszurufen im gesamten Land
Auf dass wir was verändern
In den armen Ländern!
Es fühlte sich gar einfach an mit vollem Magen
In Gedanken den ganz großen Wurf zu wagen.

Am folgenden Tage ward ich wieder nüchtern
Und fragte mich selber schließlich schüchtern
Wie das wäre bei der Aussicht ohne Abendbrot
Ideen zu gestalten gegen Leid und Not.

Denn hungriges Denken mündet meist in Frust
Und diese simple Erkenntnis macht mir bewusst

Dass unser weltbürgerlicher Wissensdurst ein Luxus ist
Den der echte Hunger dieser Erde ohne Gnade frisst.
Und bin ich es nicht selbst
Vielleicht genau in diesem Moment
Der vor seiner Handlungs-Ohnmacht davon rennt?

Ich habe kein Rezept zur Rettung dieser Welt
Und nur weil ich mir einbilde, dass sie mir gefällt
Ist sie deshalb nicht für alle schön…

Und einzig bleibt
Die Dankbarkeit
Dass ich am richtigen Ort geboren ward
Was so viel bestimmt über jemandes Lebensart.

Was ist euch wirklich teuer und lieb?
Und habt ihr mal gehört vom Glücksprinzip?
Zweien oder mehr Mitmenschen etwas Gutes zu tun
Inklusive der freundlichen Bitte, das gleiche nun
Wiederum ebenfalls zu tun
Und nicht eher auszuruhen
Bis diese gute Kraft
Einer potenziell wachsenden Gemeinschaft
Vielleicht eines Tages auch den letzten Ort erreicht
Was möglich ist, aber nicht leicht.

Die Stimme des inneren Kindes

Ich möcht' euch heute fragen
Welche Themen und Lebenslagen
Euch bewegen
Die Phantasie mal wieder anzuregen
Frei zu sein, im Handeln und Denken
Das eigene Leben selbstbestimmt zu lenken.

Wir horchen nach innen
Und ertasten mit unseren Sinnen
Die eigene Geschichte nach dem Besonderen ab.
Was wir erlebten an Glück und Leid, an Freude und Streit
Prägt Empfinden und Sichtweisen
Und die Richtung, wohin wir seelisch reisen.

Drum schließet die Augen, lauschet zart
Der Stimme eurer Gegenwart
Was sie an diesem heutigen Tag
Euch leise zu flüstern vermag.

Sie fragt uns kindlich naiv
Wie wirklich tief
Wir unser Lebensglück zu gestalten wagen
Und dabei ohne Klagen
Auch die verborgenen Dinge hinterfragen.

Glauben wir noch an die alten Mythen?
An unwahrscheinlich-schöne Sagen voller Blüten
Die da duften nach Phantasie und Zauberkraft
Jedoch widerlegt und verlacht von der Wissenschaft

Und doch präsent sind in den Tiefen des Raums
Eines Kinderstagestraums.
Kind sein ist keine Frage des Alters in Jahren
Sondern der Art und Weise des Erfahrens
Unsrer unmittelbaren Umwelt
Die vor uns liegt wie für den Bauern das Feld.

Doch welcher Bauer ist gemeint?
Der Farmer auf dem Lande, frühmorgens bereits wach
Oder die edle, doch beschränkte Kunstfigur im Schach
Die gefangen in ihrem Bann
Nur Schritt für Schritt nach vorne gehen kann.

Doch wir gefallen uns im Blick aufs große Ganze
Wir planen und berechnen wie im Tanze
Unsere Zukunft, dabei stets im Rennen mit der Uhr
Und sind ja eigentlich auch nur Spiel-Figur
Im wirklich großen Spiel des Lebens
Das wir vergebens
Spielen, wenn wir alles auf einmal gewinnen müssen.

„Höher, besser, weiter"
Heißt es im Erfolgesrausche heiter
Beim Erklimmen der Karriereleiter
„Wir brauchen dies und jenes... und vor allem immer mehr"
Doch sind vor lauter Habenwollen innerlich schon leer.

Denn was zählen Status, Karriere, Reichtum, Ruhm
Wenn die Zeit stets fehlt, sich mal auszuruhen?
Um die Früchte hiervon zu genießen
Anstatt sich der Lebensfreude zu verschließen.

Werden sie noch süßlich munden?
Wenn abgelaufen unsre Stunden
Des jugendlichen Glückes sind
Wir verlernt haben zu staunen wie ein Kind…

Doch es irrt, wer glaubt, der perfekte Moment sei konservierbar
Denn erst durch seine Vergänglichkeit wird uns gewahr
Wie rar und wunderbar seine vielseitigen Gesichter sind.
Der Dinge magische Art
Ist dadurch bewahrt
Wenn wir alles fließen lassen
Mit den kleinen Details des Gesamten uns befassen.

Und so wie ein roter Faden
Ziehen sich unsre unterschiedlichen Fassaden

Durch unsre Biographie
Die auf Papier doch nie
Wirklich zeigen kann, wer dahinter verborgen
Denn am nächsten Morgen
Sind wir schon wieder neu geboren.

Ein Kreuzzug ins Glück

Es gibt heut nicht mehr viele Themen
Deren sich die Leute schämen
Alles wird beredet, zerrissen, diskutiert
Von Politik über Medien bis hin zum Sex zu viert.
Wir loben und lästern
Über die News von gestern
Aus Boulevard-Blatt und Trash-TV
Doch über die ernsten Dinge reden wir fast nie.

Denn die unbe -*quem*- greiflichen Geschichten
In all unsren Gesellschaftsschichten
Lähmen und beschämen uns, sodass wir lieber schweigen
Als der Wörter Kraft zu zeigen.

Gibt es noch Tabus auf dieser Welt
Wo mit der Mode alles steht und fällt?
Ja, eines existiert und es ist gefürchtet-mächtig
Jeden ereilt es irgendwann, ob Tags oder nächtlich

Ich spreche vom Tod
Über den wir ohne Not
Die Gedanken lieber nicht verschwenden
Im Aberglauben, das Lebensblatt gefährlich zu wenden

Wenn als letzte Hürde
Dies Tabu gebrochen würde.

Aber da ist die Macht der Bilder - Nachrichten
Von weltweitem Krieg und Leid in so vielen Gesichtern.
Und wenn's auch hierzulande friedlich wirkt:
Was sich wohl hinter den Absperrbändern verbirgt?

Wenn hektisch blaues Sirenenlicht zum Unfall eilt
Und man nüchtern Sachschaden und Opferzahl mitteilt.
Wissen wir, was hinter den Kulissen geschah
Auch wenn man auch die Toten direkt nicht sah.

Meist sind's ja die anderen, die der Schicksalsschlag ereilt
Grad wir jungen Leute wollen heute leben, uns langweilt
Das Gerede über Vorkehrungen und Pläne
Sagen lieber: *„Wo gehobelt wird, fallen Späne!"*

Das Tabu indes bleibt ungebrochen
Denn keiner fühlt sich angesprochen.
Die Leute sind lieber nach außen gut drauf
Und das Tagesgeschehen lebt weiter seinen Lauf.

Wenn ich an der Kasse steh'
Schau ich in mein Portemonnaie:

Es ist ein Haufen voller Dokumente
Chip-Karten, Ausweis und Rente
Auf allen stehen meine 3 Zahlen mit einem Stern
Und jedes Jahr feire ich sie herzlich gern.

Sie lauten   **30**   **07**   **86**
Meine Mutter gebar und bewachte mich
Und schickte neues Leben ins große Rennen
Das die einen lieben, andere hassen, aber alle kennen

Auf dass mein inneres Feuer ewig glühe
Und mir noch 50 Mal der Lenz erblühe!
Doch kann es immer anders und vor allem früher kommen
Es sind weder Atheisten ausgenommen, noch die Frommen
Denn auch drei gekreuzte Zahlen lass ich irgendwann zurück
Sie nicht zu kennen wohl meist ein großes Glück.

Weder Religion noch Wissenschaft haben der Weisen Stein gefunden
Kennen nur andre Weisen zur Heilung der seelischen Wunden.

Die Hinterbliebenen suchen nach symbolischen Zeichen
Und müssen doch den für immer Fortgereisten
Aus Alltagsroutine und Verträgen streichen.

Es ist so schwer, ohne schmerzlichste Gegenwehr
Zu verstehen, dass manch liebe Menschen so früh gehen.
Dass Freunde und Familie mühsam lernen müssen
Nie wieder der Lieben schönes Haupt zu küssen …
Sich von Gegenständen voller Erinnerung zu trennen
Den unergründlichen Kreislauf von Leben & Tod anzuerkennen.

Aber genau das mach ich mir jetzt schon bewusst
Und bewahre mir dadurch meine Lebenslust
Denn erst die Vergänglichkeit zeigt klar
Wie *sonder-wunder-bar*
Des Lebens vielschichtige Facetten erscheinen
Wenn sich der Geschichte beider Enden vereinen.

Denn tief in uns drin
Wissen wir um des Geheimnis' Sinn
Das sich doch Jahr für Jahr erneut offenbart
Jeden Tag in farbenfrohester Gegenwart
Als fortwährender Tanz der Jahreszeiten
Die die Natur in stetig neue Gewänder kleiden.

Jeder Stil zu seiner Zeit
Da sie so relativ ist, sei bereit
Den Mut zu fassen
Stetig loszulassen.

So blicken wir irgendwann entspannter aufs Leben zurück
Und erkennen einen ungewiss-schönen Kreuzzug ins Glück.
Denn auch dem Abschiednehmen ist ein Zauber eigen
Der sich entfaltet im erlösend-begreifenden Schweigen.

Mit-Teilungsbedürfnis

Unser Wissen wächst stetig und *Wissen schafft* Macht
Aber macht sie auch glücklich?
Denn das *gemachte* Glück glückt uns ja nur
Wenn der Erfolg langsam erfolgt
Und die Zeit auch Fehler verzeiht.
Fehlt es aber an dieser Toleranz
Beginnt der tückische Tanz der Distanz
Und verwandelt Gemeinsamkeit in Einsamkeit.

Aber dieser eine Samen muss sich teilen
Um die Wunden des Alleinseins zu heilen.
Denn nichts anderes ist die berüchtigte Individualität:
Die Ungeteiltheit unsrer Gedanken, die in Schranken
Bleiben, wenn wir sie nicht mit-teilen.

Miteinander Träume teilen
Zwischen Dichter Zeilen weilen
An der Endstation mal sitzen bleiben
Durch Wiesen wandern viele Meilen.

Aber was ist es, das uns ermöglicht, einander mitzuteilen?
Unsere Gesten und Gefühle?
Blicke und Berühren?
Musik? Oder unser Duft in der Luft?

Alles braucht's und doch ist's die Sprache erst
Die uns befähigt, Mensch zu sein.
Sprache ist so konstruktiv und schön, ist wie formbarer Ton
Der erklingt in reinsten musikalischen Tönen.

Wir verleihen ihr Ausdrucksfähigkeit
Um bleibende Eindrücke zu hinterlassen
Als Spuren des bereits gegangenen Weges.
Sie ist der Grund, warum wir heute Abend alle hier sind.
Denn Poetry Slam ist Jonglage mit der Sprache
Meine Bälle an diesem Orte die Worte.
Aber ist das alles?

Was soll Poetry Slam bewirken und beinhalten?
Etwas mit Brot & Spielen?
Oder unbequemes herum Philosophieren?
Welches mit ungewöhnlichen Wahrheiten schockiert
Oder die Leute mit Comedy amüsiert?
Oder vielleicht besser harmlos, politisch korrekt
Damit man nirgendswo aneckt?

Ich mache die Erfahrung, dass hohe Wortkunst
Nur im Dichtungsdunst
Der Scherze geschehen darf und als zu scharf
Viele Zuhörer die Konfrontation mit sich selbst empfinden.

Denn die Leute zahlen Eintritt, um hier einzutreten
Für ein paar Stunden emotional zu gesunden...
Ihre Sorgen auf morgen
Verschieben zu dürfen.

Sie haben nichts gegen Gesellschafts-Kritik
Oder Themen mit Geist und Politik
Aber bitte nur, im Kostüm der Karikatur!

Denn sie haben den ganzen Tag gerackert und geackert
Der Kopf raucht und wer braucht
Da noch weise Belehrungen von uns Bühnen-Narzissten
Die wir unsere hehren Vorsätze zum sinnhaften Verhalten
Vielleicht ja selbst gar nicht einhalten?

Versteht mich nicht falsch
Ich liebe lustige Unterhaltung sehr
Sie zu konzipieren ist sicherlich nicht weniger schwer
Aber ein Dichterwettstreit schreit nach mehr...

Und zwar nach geistreichem Witz!
Der euer Antlitz nicht nur beschwingt zum Lachen bringt
Sondern auch innehalten lässt, damit ein kleiner Rest
Der Gedanken sich auf dem Nachhauseweg fragt
Was ihr selbst der Welt zu sagen habt.

Gab es bei all den sprachlich schönen Reden vielleicht *einen* Satz
Der eure Begeisterung so sehr erfasst
Dass ihr morgen eine eigene Formulierung dessen wählt
Und den Arbeitskollegen in der Mittagspause sogar erzählt.
Nicht als Resümee der heutigen Abendunterhaltung
Sondern als Improvisation freier Gedanken-Gestaltung.

Berliner Untergrund - 1.Teil: Der Beobachter

Ich bin heut Morgen aufgewacht
Nicht mal 'nen Kaffee geschafft
Und kaum richtig angezogen.
Sagte ich, ich hätt' geduscht, so wär's gelogen.
So renn ich los
Bis ich in den Schoß
Der muffigen Bahn mich fallen lasse.
Ihr Geruch, so typisch für Berlin
Ist mir wohlig affin
Wie der von Benzin.
Ein duftender Hauch nach Road-Trip-Abenteuer-Welt
Der mir in dieser Anonymität doch sehr gefällt.

Die U-Bahn zischt durch ihre gewundenen Tunnel
Als gelbe Schlange durch den Großstadtdschungel.
Neue Beute wird verdaut, alte wieder ausgeschieden
Und Auslese hierbei nicht betrieben.

Die Türen gehen auf und wieder zu
Ein Motz-Verkäufer ist drauf, aber keiner hört ihm zu
Und da keiner seine Ware kauft
Er kurz verschnauft
Zu meiner Rechten sich setzt und raunt in seinem Wahn:
„Ein Querschnitt der Gesellschaft ist die Bahn"

Dessen Füße ziemlich stinken
Während zwei Zungen zu meiner linken
Im Mund des andern Teenagers versinken.

Da denke ich mir:
Bei all dem ganzen Duft
Würd ich mir jetzt frische Berliner Luft
So richtig loben.
Nun denn, auf nach oben
Der Affenstall kann alleine toben.

Wie Jona aus dem Bauche des Wals befreit
Mach ich mich sogleich bereit
Den weiteren Weg mal ohne Stadtplan zu erkunden
So drehe ich meine Runden
Vergesse Zeit und ihre Stunden.

Sehe Jubel, Trubel
Ruhm und Konsum
Der großen Einkaufsmeilen
Wo Schnäppchen-Jäger und Mode-Sammler hektisch eilen
Zwar Geld, aber keine Zeit haben zum Verweilen.

Es sind diese Tage
An denen ich mich frage

Ob ich mich nicht am falschen Ort befind
Symbolisch ausgesetzt wurde wie 'nen Findelkind.
Ich lauf also weiter, durchstreife Bezirk um Bezirk
Und merke, was die Metapher des Motzverkäufers in mir bewirkt.

Nur im Untergrund sind wir alle gleich
Wo das bunte Allerlei von arm bis reich
Nebeneinander existiert
Die Unterschiedlichkeit sich im Gedränge verliert.

Denn oben auf den Straßen ziehen sich die Grenzen matt
Wie unsichtbare Adern durch den Körper der Stadt.
Flanieren Neuköllner jemals in der Altstadt zu Spandau?
Chillen harte Hellersdorfer auch mal im friedlichen Friedenau?
Oder sind die hippen Friedrichshainis zuweilen so spontan
Und starten 'nen Trip ins mäßige Marzahn?

Zur Party freilich schwirren alle aus
Kommen erst frühmorgens zurück nach Haus
Fliegen wie die Motten ins Licht der grellen Innenstadt
Tanzen, feiern, leben sich so richtig satt.

Bis schließlich fahles Morgenlicht
Über die Häuserdächer bricht
Clubs und Bars bereits die Tresen wischen
Während zwei Nachtschwärmer ein letztes Tütchen kiffen.

Die Geschäfte sind verschlossen von Schloßstraße
bis Unter den Linden
Und alle werden wieder zusammen finden
Ermattet und müde im Uterus der Bahn
Ohne Plan
Wann sie am eigenen Bahnhof hält
Längst ist jeder in seines Traumes Welt.

Die nächste Station wär mein Daheim
Doch auch ich schlafe schon wie ein Stein
Gebettet quer über 'ne Bank in himmlischer Ruh'
Die Türen gehen auf, doch noch nicht zu
Und der Motzverkäufer von heut Morgen tritt auf
Sagt zu mir: *„Ey Meister, musste nisch raus?*
Bist doch irjendwo hier zuhaus."

Ich schrecke auf und starr ihn an
Frage mich kurz: wo bin ich und wer ist dieser Mann?
Der keine Magazine mehr bei sich trägt
Sondern entspannt auf die Bank gegenüber sich legt
Da rollt die Bahn schon wieder weiter
Er lächelt mich an und sagt heiter:
„Nur keen Stress, bleib noch nen Weilschen hier
In zwanzij Minuten iss meen warmet Revier
Ooch wieda inna Jegend von dir."

Am Ende hat der Obdachlose mir symbolisch Obdach gewährt
Läuft hier nicht irgendwas verkehrt?

Denn nur im Untergrund sind wir alle gleich
Wo das bunte Allerlei von arm bis reich
Einlädt, nebeneinander zu verweilen
Für ein paar Minuten Bank und Lebenszeit zu teilen.

Berliner Untergrund - 2.Teil: Der Motzverkäufer

Bin heut Morgen aufgewacht
Nach 'ner verdammt kalten Nacht
Und 'ner Stunde Betteln hab ich's um Acht
Immerhin auf 3,50 gebracht.

Es reicht für Kaffee und 'nen kleinen Gaumenschmaus
Aber wie schaue ich heute aus?
Schaufenster geben Antwort
Die mir vor Ort
Als Spiegel dienen
Vor den Schienen.

An solchen Tagen
Verlockt es mich zu fragen:
Spieglein, Spieglein, an der Wand
Was passiert heut im Bahnhofs-Land?
Doch das hier ist kein Märchen
Und ich ein müder, verjährter Mann
Der sein Lächeln nicht mehr finden kann.

Erinnerungen an sorgenfreie Tage sind verblasst
In meinem Wahl-Bahnhof ich schon lange Dauergast.
Einsam steh ich am Bahnsteigrand
Halte dem starken Luftzug stand

Als der echte Zug einfährt
Ich melancholisch überleg, was denn verkehrt
Dran wäre
Einfach in die Leere
Für immer zu fallen…

Die Augen sind zu, es fehlen nur drei Schritte
Als plötzlich… „Zurückbleiben bitte!"
Befehlend ertönt
Den Tagtraum zynisch verhöhnt.
Kaum bin ich also in der Bahn
Befällt mich der wohl wahre Wahn
Dass heimlich-flüchtige Blicke an mir kleben.
Als ob sie fragten: „Warum führst du so ein Leben?
In einem Land, wo Leute doch nur hungern
Die aus eigner Wahl in der Gosse lungern."

So wurde ich durch mein Tun immun
Gegen vieler Menschen Missgunst
Mit meiner Art von Überlebenskunst.
Denn während die geschätzten Leute heute
Viele Stunden im Büro versauern
Vielleicht schon lang bedauern
Die Jugend nicht besser genutzt zu haben
Erfreue ich mich an den kleinen Gaben
Die eben diese Leute mir als Beute

Immer wieder schenken
Um ihr Gewissen abzulenken.
Manche hohlen fast verstohlen
Etwas aus der Tasche
Als wär's 'ne verbotene Sache.
Andere sind stolz ihres Großen Mutes, Gutes zu tun.

Doch gleiten ihre Blicke oft durch mich hindurch
Werde angerempelt und abgestempelt
Denn auch ich kenn den Geruch der Realität
Der durch meinen Lebenswandel leider entsteht.

Sie rümpfen die Nase, atmen selbstgefällig schwer
Doch ich rieche mich schon lange nicht mehr.
Mein Duft ist wild
Und zugleich Schutzschild, da es gilt
Vor andren Glückrittern zu bestehen
Die, wenn sie mich sehen
Ohne sich zu schämen
Mir alles abnähmen.

Wann hatte ich eigentlich die letzte Chance
Zu entrinnen diesem täglich Tunnel-Kampf?
Denn was ich tue ist doch kein Hobby
Und trotzdem gibt's für uns Schwache keine Lobby…

Obwohl es wirkt, als wenn ich stör'
Erbet ich mir nur für ein paar Sekunden Ihr Gehör
Um die Motz hier unters Volk zu bringen
Nicht schlimmer als Promoter, die um Unterschriften ringen
Für Fitness-Abos, Vogelschutz und andern Schmutz.
Bei mir bekommt die Zuhörschar noch immerhin ein bisschen
Unterhaltung.
Ich reiche meine Lebensgeschichte in rhetorisch-freier
Gestaltung.

Sie vereint bittere Wahrheit, süße Ironie und freche
Phantasie, die Ihnen, verehrtes Publikum eine kurzweilige
Unterhaltung bieten wird: Was wollen Sie hören? Die
Wahrheit wahrscheinlich nicht, und da Ihre Geduld schon
bald erlischt, werde ich sehr flott erzählen:

*„Schönen guten Abend, mein Name ist Niemand und ich
lebe zurzeit auf der Straße. Da ich nicht betteln oder stehlen möchte,
versuche ich durch den Verkauf des Straßenmagazin „Die Motz",
mir auf ehrliche Weise etwas dazu zu verdienen. Ich hoffe, bis heut
Abend genug Geld für eine Unterkunft zusammengespart zu haben.
Vielleicht hat ja hier der ein oder andere noch Interesse an der neuen
Ausgabe?"*

Nicht immer hab ich Glück

Doch dann fahr ich einfach so ein Stück

Mit meiner gelben Bahn und ziehe dann und wann

Ein paar Menschen in meinen Bann.

Und nicht selten trifft ein neugieriger Blick den meinen.

Hält er ihm hier stand

Am Gesellschaftsrand

Des Bahnhofslands?

Er hält stand…

Es ist ein junger Typ

Der sich zu fragen scheint

Ob nicht irgendwas uns vereint.

Und obwohl er schließlich weitergeht

Mich vielleicht doch etwas versteht.

Doch bin ich es nicht mehr gewohnt

Dialoge zu eröffnen, weil es viel zu selten lohnt

Vorurteil und Ängste zu widerlegen

Oder verletzenden Meinungen forsch entgegen zu treten

Aber zuweilen reicht ein Satz, um in anderer Köpfe etwas einzupflanzen

Damit die Synapsen, neu befeuert, mal wieder richtig tanzen.

So flüstere ich ihm zu:

„Die Bahn ist ein Querschnitt der Gesellschaft"

Wo ihre Lücke ein Stück minder klafft

Wo ich mich trau, ein wenig mitzuteilen
Während wir linientreu verweilen.

Auch hier im Untergrund sind wir *nicht* gleich
Doch allein die buntgemischte Existenz von arm und reich
Reicht mir fürs erste aus
Bis ich Sie wieder treffe auf Ihrem Weg nach Haus.

Wir werden uns wieder und wieder begegnen
Und Sie sehen mich!
Die Frage ist nur, mit welchen Augen?
Und vielleicht können Sie's kaum glauben:
Ich würd mir an manchen Tagen selbst nichts geben.
Aber ein bewusstes Blicken
Nur ein wohlwollendes Kopfnicken
Ein simples Statement: Ja, ich nehme dich wahr!
Heraus aus einer ganzen Schar
Anonymer Versuche, mich wegzudenken
Wär das Schönste, was Sie mir könnten schenken …

Parallel nehme ich aber auch weiterhin sehr gerne Ihr
Geld oder eine Essensspende…

Sonnenaufgang im Walde

Eines Tages ging ich fort
Vom gewohnten Heimats-Ort
Um in die Welt zu schreiten
Erhoffte, erinnerungswerte Seiten
Mir ins Lebensbuch zu dichten:
So führt der Weg mich unter Fichten
In tiefen, weiten Wald
Der den Wanderer erwartet finster-kalt.

Es braucht also Licht und Wärme
Und so such' ich gerne
Gescheite Holzscheite
Entlang der Wegesseite.
Dann schicht' ich sie auf einen Haufen
Um ihn hell mit Feuer zu taufen.

Ich lass ein Streichholz nur erglühen
Als des Infernos Funken sprühen
Um in allen Farben
Des Feuers Gaben
Dem Holze zu entlocken
Und blutrote Feuerflocken
Dem Nachthimmel entgegen schweben
Bis die Geräusche Ruhe geben.

Das Knicken und Knacken
Das Trippeln und Trappeln
Das Gurren und Surren
Alles verstummt…

Doch leise summt
Die Nacht ihr kleines Lied
Von Sehnsucht und Abschied
Sowie leuchtenden Sternen
Die als lautlos-helle Laternen von fernen
Hoffnungen mich träumen lassen
In den engen Gassen
Meines kleinen Seelendorfs.

So erstrahlt das Feuer
Als treuer Betreuer
In gar einsamer Nacht
In der es mir funkelnd zulacht
Und mich behutsam bewacht.

In diesen dunklen Zeiten
Lass ich mich davon leiten
Zaghafte Zeichen neu zu deuten
Alte Fassaden abzuhäuten
Um in magischer Prozedur
Im inneren Dialog mit der äußeren Natur

Die Impulse anzunehmen
Nach denen Geist und Seele sich sehnen.

Schließlich schlaf ich ein
Erloschen längst des Feuers Schein
Und alles um mich herum wird schwarz...
Doch der Duft von frischem Harz
Liegt beruhigend auf der Lichtung
Die aus des Ostens Richtung
Mit Vogel Zwitschern
Und rhythmisch Hölzer Knistern
Einen neuen Tag erblickt
Von der Landschaft sehr geschickt
In Farbe gesetzt
Doch bis zuletzt
Den Sonnenaufgang nicht schenken will
So warten die Baumes-Wipfel still.

Die Korona erstrahlt längst königlich
Die Sonne selbst ziert dennoch sich
Ich höre sie im Traume flüstern:
„Bin zwar stolz, aber auch schüchtern
Will mich erst zeigen, sobald meine Kraft
Der kalten Erde auch Wärme verschafft.“

Noch liegt dämmernd der Morgentau
Voll funkelnder Farben in grauem Blau.
Nur wer morgens früh aufsteht
Und sogleich nach draußen geht
Sieht noch das kühle Nass
Das darauf bald blass
verdunstet und verschwindet
Während der Tag sich neu erfindet.
Und dann, ganz plötzlich…

Schießt das Licht hervor
Wie siedendes Wasser aus Geysiren empor.
Die befreite Sonne
Breitet mit ganzer Wonne
Sich übers verträumte Gesicht
Das überrascht von so viel Licht
Sich erst orientieren muss
Um diesen spontanen Kuss
Mit beiden Augenliedern
Blinzelnd zu erwidern.

Ein neuer Tag, ein neuer Abschied wartet nun
In dem vieles anders ich werd' tun.
Werde es gestalten wie formbaren Ton
Gebrannt im Ofen voll Inspiration

Denn so viel auf Erden
Will erkundet und wach geküsst werden.
Vorbei ist die nächtliche Rast
Ich ziehe weiter ohne Hast
Lasse zurück meinen Ballast.

Lange waren die Richtungs-Schilder
Verschwommen wie unscharfe Bilder
Doch entziffr' ich nun die Zeichen
Bin bereit, die Weichen
Wichtiger Entscheidungen zu stellen
Für meinen Weg auch morsche Bäume zu fällen.
Er führt ins eigene Lebens-Dickicht
Durch das endlich Licht sich bricht
Der Wegweiser zeigt: Zuversicht!

Zeitgeist

Er geistert stumm
In Medien, Köpfen und Mode herum
Es ist der Zeitgeist
Der stetig weiter reist
Deine Gedanken an sich reißt
Und synaptisch fest sich beißt.

Sind wir auf dem neusten Trend
Der mit 7-Meilen-Stiefeln so schnell rennt
Dass wir ihn gerade immer verpassen
Je mehr wir versuchen, ihn zu fassen.
Tanz nicht deinen Namen in Walldorf-Tugend
Sondern das Motto der Jugend
In vollem Glanz
"**Y**ou **O**nly **L**ive **O**nce".

Komm', summ' das Lied
Des *Kon-sums* mit
Takt für Takt im *Fort-Schritt.*
Die Zukunft hat längst begonnen
Und bereits zerronnen
Auch das flüchtige Jetzt
Wenn du zuletzt
Mit neidisch-schicken Blicken

Einem neuen Stil nach stierst
Zweifelnd, ob du verlierst
Wenn du ihn nicht imitierst.

Denn die Sehnsucht sucht dich aus
Doch wir *sehn'* die *Sucht* nicht in ihr raus.
Es ist das kleine Gefühl, das dich aufwühlt
Gerade so nicht zu genügen
Obwohl die Werbung voller Lügen
Realitäten verdreht und neue formt
Dass du schön wohl genormt
Ins Schema deiner Peergroup passt.

Die dich mit Identifikationsmerkmalen fest umfasst
Und mit Vergleichen
Die von Füßen bis zu Armen reichen
Die Weichen
Zwischen arm und reich scharf schleifen.

Denn es klafft mit ganzer Kraft
Eine Lücke, über die keine Brücke
Reicht, denn leicht
Ist es nicht, im Erfolgslicht
Innezuhalten oder einen Gang zurück zu schalten.

Also dann, nur heran, lauf gar flink hinterher
Bis du glaubst, du könntest nicht mehr.
Und erst dann bist du im Rennen der Muster-Karrieren
Viel Glück auch beim Überwinden moralischer Barrieren!

Nachdem die Pubertät bezwungen
Dein Abitur mit Bravour gelungen,
Gleich weiter auf die Uni
Wo du hoch wie ein Flummi
Sollst springen
Um es zu Großem zu bringen.

Denn Wissen schafft Macht
Die dich über Nacht
Vielleicht berühmt mal macht
Wenn du nur genügend Praktika gesammelt
Und in den Ferien nicht am See gegammelt
Hast, dann wäre das System fast
Ein wenig stolz auf dich…
Und lässt dich vielleicht morgen doch im Stich.

Manchmal hasst du es zwar
Dass du ganz und gar
Ein Leben fürs Papier nur läufst
Zertifikate noch und nöcher anhäufst
Und eigentlich nur mal wieder Kind sein willst…

Doch wenn du deinen Hunger nach Zerstreuung stillst
Chillst du
In den besten Clubs der Stadt
Wo dich mit Eintausend Watt
Die Beats durchströmen
Deine erfolgsverwöhnten Freunde sich bekrönen

Und du mit teuren Drinks versuchst, stets zu vergessen
Dass die Gespräche auf Partys und Kongressen
Dich nicht erfüllen
Du ganz andre Interessen enthüllen
Würdest, wenn es dürftest:

Denn manchmal träumst du, was wäre
Wenn fort von Einöd und Leere
Hinweg über weite Meere
Wir auf große Reisen gehen
Bis Schicksalswinde dich zu den Musen wehen.

Die dich voll Inspiration empfingen
Am Strand mit dir spazieren gingen
Und manch schöne Lieder übers Leben sängen
In welchem du vor lauter Zwängen
Nicht mehr spürst, was denn alles möglich wär
Wenn wir im Weltwirtschafts-Heer
Den Krieg für stetes Wachstum nicht länger kämpfen würden

Sondern prüften, wie hoch die Hürden
Unseres Inneren Wachstums sind…
Flüstert das Kind in dir fast lautlos zu
Doch hast du
Kaum zugehört
Weil es dich verstört
Einfach so im Alltagsleben
Tagträumen Raum zu geben.

So bleibt dies zarte Stimmchen nun stumm
Weil du es als kindisch dumm
Belächelst und im Käfig deiner Ratio lässt
Wo es allerdings in einem kleinen Nest
Weiterhin verweilt und bis zuletzt
Dran glaubt
Dass ein Teil von dir zu taugt
Den Goldenen Käfig eines Tages noch zu öffnen.

Öffne ihn…!

Das Zweite Gesicht – Ein Traum in vier Szenen

Szene 1: Der Herr der Netzwerke

Ich stand am Märkisch Zuckerberg
Wie einst Frodo mit seinem Ring am Werk
Doch unter mir nicht feuerrote Lava
Sondern Milliarden Files geschrieben in Java.

„Ein Netz, sie zu knechten
Ihre Privatsphären zu entrechten
Sie alle zu finden
Und ewig zu binden."

So stehen die Runen der AGB geschrieben
Doch ich war entschieden
Diesen Teufelskreis zu brechen
Damit die Menschen wieder sprechen
Auch außerhalb einer virtuellen Welt
Wo es sogar neue Formen gibt von Geld.

Als soziale Währung bedroht der Like-It-Button
Diskursive Meinungsbildung wie ein dunkler Schatten
Der beeinflussbaren Menschen den Blick verwehrt
Welchen wesentlichen Wert
Das echte Leben selbst uns lehrt.

Szene 2: Rotkäppchen ist blau

Ich ward mitten im finsteren Wald
Hatte Hunger und mir war kalt
Da kam fast schon wie 'ne junge Frau
Klein Rotkäppchen ganz in blau
Mit 'nem Körbchen *app*etitlicher Leckerbissen herbei.

Sie war höflich-frei
Doch auch schüchtern-still
Und fragte mich, was ich denn eigentlich will.
Ihr süßes *Gesicht* lag offen wie ein *Buch*
Und ein modisch blaues Tuch
Um ihr gülden' Haar rundete ab den coolen Look
Von Little Miss Facebook.

Da fiel *Blau*käppchens Fassade
Der weltgrößten Nutzerparade
Ab wie welkes Laub vom Baum.
Und hoch oben in den Alpen meines Traums
Klang ihre unschuldige Frage wie ein Kinder-Chor
In mein Ohr:

„Warum so contra Freiheit & Fortschritt?
Mach doch einfach mit.
Überwinde deine Scheu
Und erfinde dich täglich neu!

Auch die Freunde sind schon alle drin
Wozu also die Frage nach dem Sinn?
Wenn dir selbst das die Zweifel nicht nimmt
Kann's sein, dass mit dir was nicht stimmt.
Und dann wär's besser, wenn du von der Bildfläche verschwindest
Da dich nichts mit uns verbindet."

Szene 3: Optionen offen halten

Unruhig erwacht, ordnete ich meine Gedanken
Die schon ordentlich debattierten und zankten.
Ich war empört und auch ein wenig verstört:
Kann ich das soziale Miteinander nicht einfach so gestalten
Es ohne allumspinnendes Netz persönlich verwalten?
Muss ich über 7 Ecken jeden Menschen weltweit kennen
Und wie Hansdampf in allen Gassen rennen?

Wie war das für Opa, der sich mit 5 Freunden glücklich fand
Und heut ist's fast undenkbarer Gegenstand
Ohne 365 Freunde und deren Pinnwand?
Auf dass wir täglich gratulieren dürfen
Um einmal jährlich selbst unzählige „Happy B-Days" abzuschürfen.

Wir halten uns Kontakte offen als mögliche Varianten
Die wir früher nicht mal als Bekannte nannten.
Denn wer weiß, ob es nicht noch nützen kann
Diese Frau oder jenen Mann

Für spätere Lebenswege
In der Freundes-Liste abzulegen.

Szene 4: Der Diebstahl von Zeit
Wie ein moderner Minnesänger
Offenbare ich als Gedankenfänger
Nur wohin sich die Entwicklung bahnt
Und mancher wohl auch ahnt:

Es ist die Lebenszeit, die die Grauen Herren heimlich stehlen
Durch das Versprechen, aus 1000 Möglichkeiten auszuwählen.
Es soll das Leben einfacher machen
Dass wir mit Freunden fröhlich lachen
Davon ein Foto schießen
Wie wir den Moment genießen.

Und die Aufnahme geschickt
Mit drei Touchscreen-Klicks
Für alle Bekannte hochladen.
Denn ein bisschen Selbstdarstellung wird wohl kaum schaden.
Doch da ist dieser permanente Blick aufs Display
Ist im Netz auch alles okay?!

So sind die smarten Begleiter längst dabei
Harmlos verpackt als schöne Spielerei

Uns mit Reizen zu überfluten
Mit Zuviel vom Guten…
Der Alltag wird für immer infiltriert
Ein digitales, Zweit-Ego kreiert.

Und wenn auch mein Motiv
Als konservativ
Belächelt wird.
Bleibe ich unbeirrt
Gegen die Kraft
Der Schirm-Herrschaft…

Das Ur-Teil

Was geschieht in diesen Tagen
In der Menschen Lebenslagen
Wenn Türme voller Fragen
Babylonisch hoch aufragen?

So versuche ich, zu lauschen
Höre ein raschelndes Rauschen
Und obwohl ich mich kaum traue
Schließlich doch umschaue
Sehe ich tausend Wege zum Wählen
Doch wie ist drauf zu zählen?
Dass die Entscheidung richtig sei
In diesem bunten Allerlei?

Und vor allem: ist es wichtig
Zwischen falsch und richtig
Immer eine Mauer zu bauen
Um alle Zwischenzweifel zu verstauen?
Sortiert in Schubladendenke
Damit ich mich ablenke.

Natürlich ist es mein Recht
Im Muster von gut und schlecht

Durchs Leben zu manövrieren
Mich abzuheben von den Tieren
Die auf allen Vieren
Ohne Urteil vegetieren.

Doch da gibt's die stille Kraft
Die es ohne Argumente schafft
Mich tiefst drin zu überzeugen
Ohne meinen Willen doch zu beugen.

Fast vergessen
Erspürt er die Interessen
Geleitet von Gerüchen und Geräuschen
Lässt sich durch Verstand kaum täuschen.
Was ist es? Das Herz? Die Seele? Das Bauchgefühl?

Wenn dir eine Sache stinkt
Du spürst, dass dich grad jemand linkt
So rettet dich meist der Instinkt
Der wie ein helles Licht aufblinkt
Und dir klarmacht:
Du wirst behütet und bewacht!

Daran halte ich mich fest
An diesem letzten Rest

Der einfach fließt
Sein Sein zweifelsfrei genießt.
Weder fragt noch verzagt auf langer Lebensjagd.

Es ist ein verbliebenes Teil aus Urzeiten
Das wahre Ur-Teil also mit der Kraft zum Leiten
Im Wald der 1000 Möglichkeiten.

Der Weg entsteht in dem man geht.
Manche verlaufen gerade, andere schief
Auch ich bin mal skeptisch, mal naiv.
Trotzdem er seine Richtung zeigt
Sich immer wieder neu verzweigt
Und jede Wegscheidung
Möglichkeiten zur Entscheidung
Trägt und stets zum Besten wägt

Welch' Abenteuer
Am Lebenslagerfeuer
Welch' süße Gefahren
In diesen Lebensjahren
Zu erfahren lohnen
Und wann's besser ist, sich mal zu schonen.

Drum lass ich's mir offen
Um entspannt auf Morgen zu hoffen.

Bin zeitgemäß, flexibel
Doch wie beim Schälen einer Zwiebel
Mit ihren sieben Schichten
Ist beim Vortrag von Geschichten
Manches Mal nicht klar
In welcher ich von allen ihnen
Ich dann ganz ich selber war.

Hat die Suche aber Sinn
Nach der Antwort, wer ich bin?
Wenn die Lösung variabel ist
Sich ihre Wahrheit schwerlich misst.
Wozu dann weiter fragen?
Hab ich's doch an den guten Tagen
Selber in den Händen
Die Geschichte neu zu wenden.

Ob meine Schaffens-Schrift
Als Pfeil ins Schwarze trifft
Weiß ich nicht.
Doch führt jede Handlung
Zu Wechsel und Wandlung
Und so zieht jeder Schritt
Stets einen frischen Schnitt
Hinter meine Spuren…

Ein Stück Leb'-Kuchen

Die Leute lieben' s, dich zu fragen
„Wie geht's dir in den Weihnachtstagen?
Sind die Geschenke schon besorgt?"
Wollen aber nicht von deinen echten Sorgen hören
Da diese Offenheit sie nur würde stören.
Sie wissen auch nicht, was dich dafür mit Leben füllt
So sind die Antworten mit Diplomatie umhüllt.

Doch wie lassen sich Worte wohl verantworten
In all den Situationen und Orten
wo wir ver *–zweifelt–* suchen, stark zu sein?
Aber viele Worthülsen nur 'nen falschen Schein
Von dem darstellen, was dahinter wirklich strahlt?
Oder wissen wir vom Künstler, der viel malt
Welch' Bilder in seinem Kopfe noch entstanden
Aber den Weg zur Leinwand nie fanden.

So bleibt vieles unbekannt
Und die Jahre ziehen ins Land
Während stets zur gleichen Zeit
Eine neue Runde eingeweiht
Wird mit der Frage: sind wir bereit?
Für Zwei-Tausend-Siebzehn
Was wird kommen, was gehen und wer wird dabei verstehen

Dass Neujahrswünsche nicht einfach so in Erfüllung gehen
Sondern wie ein Blumenbeet
Sorgsam gepflegt und besät
Begärtnert werden muss
Als pflanzte man in Baumes-Zuversicht die erste Nuss.

Doch schau' auch mal zurück:
Frag dich, ob du vom Leb'-Kuchen willst ein besonderes Stück
Dessen Zutaten aus Erinnerungswertem bestehen:
Hast du jemals einen Klang gesehen
Oder einem Bilde zugehört
Dessen Duft dich tief betört?
Oder einen Gedanken berührt
Während er ins Leere führt?

Hast du einmal das Nichts geschmeckt?
Dich dabei emotional wund geleckt?
Und Lügen erfunden
Die in manchen Stunden
Wahrer waren als Wahrheit
Da diese als kalte Klarheit
Dich doch betrogen hat.
Wurdest du vom Leb'-Kuchen also wirklich satt?

Wie schwer ist also dein Stück?
Gewogen in Grammeinheiten von Glück?

Kann man es backen oder kaufen
Es rein waschen durchs Taufen?
Oder mit Wahrscheinlichkeit kalkulieren
Dass wir es zu 47% Prozent wieder verlieren?
Und doch zwinkere ich jedem zu
Der richtig riecht, sich nicht verkriecht
Genau hinguckt und sich nicht duckt
Und zuhört, wo es andere stört:

Die Zeit heilt Wunden und Wunder
Und gleich wie Zunder
Verglühen auch Sorgen schon morgen.
Und weil ein Wunder manchmal launisch ist
Du es vielleicht schon morgen triffst.

Und so zweigen sich auf einer Lichtung
Viele Weggabelungen in alle Richtung.
Wohin also gehen?
Doch laufen unsere Leben sowieso auf Wegen
Deren Richtung verschwimmt bei Regen
Und zwischen Stöcken und Steinen neue Pfade formt
Die ungeteert und ungenormt
Zu unbekannten Ufern führen
Wo sich Gedanken und Gefühle auf Augenhöhe berühren
Und jeder Träumer, der etwas tanzen kann
Sein Wunder findet irgendwann.

Von Eichen und Palmen

Ich lebe im Land von großer Kultur
Ihr Antrieb ist die Pünktlichkeit der Uhr
Doch der Einwohner Stolz
Ist so dynamisch wie wachsend Holz.

Sie ahnen nur wenig von der Kostbarkeit ihres deutschen Land
Und exportieren lieber weltmeisterlich am Fließband.
So wird wirtschaftlich auch in Krisen gesiegt
Weil das Land nördlich genug der Armut liegt.

Wir nennen uns Deutsch, mit passgenauen Gaben
Die wir letztlich auch nur von und zu-fälliger Gnaden
Per Geburtsroulette geerbt und angenommen haben.

Denn was macht mich nun wirklich individuell
Wenn nicht die erlebten Momente von dunkel bis hell?
So bildet sich meine Wahrnehmung der Welt
Vieles kaum hinterfragt, wenn es grundsätzlich gefällt.

Selbstverständlich fühle ich mich als Groß-Städter
Mag meinen Kiez und sein soziales Wetter.
Bin dort in einer lebendigen Straße zuhause
Wo Parks und Cafés einladen zur kreativen Pause.

Was bleibt da also übrig von deutscher Substanz
Wenn nicht mein Wohnungsnest als Heimats-Instanz?
Ein vierwändiges Gewand, das so persönlich riecht
Dass sich der Nationalgedanke gepflegt in der Ecke verkriecht.
Dieses Stück Heimat in seiner Gestalt
Ist aber abhängig vom Monats-Gehalt.

Wer empfindet also wirklich Empathie
Im gleichen Fall genau so zu handeln wie die
Die ihr eigen Heim verlassen mussten
Und keine Heimat unbeschadet mit zu nehmen wussten.

Entwurzelt stehen die Palmen vor den Eichen
Armeen der Armen gegenüber relativen Reichen
Fordern unverblümten Raum zum Neuverwurzeln.
„Da könnten unsre Kontostände nach unten purzeln!"
Hört man vor allem die unteren Erd-Schichten protestieren
Denn sie sind's ja, die im Globalisierungsspiel verlieren.

Und die Politik zückt ihre Wörter-Waffen
Um polarisierende Helden- und Feindbilder zu erschaffen.
Sie erzählt Geschichten vom Bösen und Guten
Thematisiert statt klimatischer Krisen lieber Flüchtlings-Fluten.

Und so wird fleißig für deutsche Alternativen gewählt
Weil die innerdeutsche Diskussion zu arm & reich bis heute fehlt.

Die Angst vorm Fremden bleibt bestehen
Weil so viele den zynischen Zusammenhang übersehen
Dass Migration nur das gerechte Gegenstück darstellt
Zu einer globalisierten, aber ungleichen Welt.

Dank an die Musik

Es gibt gewisse Lebenslagen
Wo Worte stets erneut versagen
Wenn sie als unbeantwortbare Fragen
Babylonisch hoch aufragen?
Gar schnell lässt sich ihr Sinn verdrehen
So dass die Ursprungs-Idee leicht wird übersehen.

Da könnte' s sich doch lohnen
Ausgesuchte Wörter zu vertonen.
Für sich alleine steht die Note aber nackt
Drum füge weitere hinzu und fertig wird ein Takt.
Jedoch bleibt's ein Rätsel getönter Worte
Wenn nicht harmonisch komponiert zum Akkorde.

Gar bunte Klangpaare werden sich finden
Sie stolzieren hoch und tief, bis sie sich verbinden.
Weil ein musikalisches Herz seinen Geist verwendet
Und Viertel, halbe und ganze Ideen verschwendet
Werden reife Töne an den Notenreben hängen
In allen Formen von Rhythmuslängen.

Und schließlich erklingt eine Melodie für jedermanns Ohr
Eingänglich wie der Gesang eines Knabenchor.

Es entsteht eine *tonikale* Kraft
Die es auf *dominante* Weise schafft
Uns im *Sub*kontext zu überraschen
Ohne de*kadente* Effekte zu erhaschen.

Da ward das Symphonienkind geboren
Es wächst heran und fühlt sich auserkoren
Eine Geschichte in vier Sätzen zu erzählen
Zu der jeder Zuhörer sein Kopfbild darf wählen.

Oh holde Blume der Musik, in wie viel grauen Stunden
Warst du es, die erblühte, um uns zu gesunden.
Eine Sprache, imstande, uns Menschen zu versöhnen
Allein dadurch, dass ihre Worte ertönen.
Die Geschmäcker sind zwar häufig verschieden
Und selten sind alle Zuhörer gleichzeitig zufrieden.

Aber: Musik ist immer sie selbst!
Wird sie gebraucht, so ist so zur Stelle.
Ist wandlungsfähig als persönliche Stimmungsquelle
Fühlst du dich heiter, verliebt oder krank
Wähle dein Genre, sei es Klassik, Romantik oder Punk.

Höre, um zu lesen
Spiele, um zu sprechen
Komponiere, um zu schreiben…

Über den Autor

Raphael Seitz lebt und kommt aus Berlin. Nach der Schule zog es ihn allerdings in die Ferne. Er lebte, arbeitete und reiste für ein knappes Jahr in Australien, wo er als Kellner, Müllmann und Tischlergehilfe seinen Lebensunterhalt verdiente und dadurch erste authentisch interkulturelle Erfahrungen machen konnte.

Zurück in Deutschland, studierte er Wirtschaftspsychologie, wodurch ein tiefgehendes Interesse am Zusammenhang zwischen menschlichen Verhaltensweisen im Kontext ihrer ökonomischen Umwelt reifte. Doch die Reiselust versiegte nie, so auch nach dem Studium nicht, als Raphael Seitz nach Südamerika reiste, wo er in einem sozialen Projekt in Argentinien als Mathelehrer arbeitete, Kindern das Fahrrad reparieren beibrachte oder Essensspenden organisierte. Schließlich durchquerte er den Kontinent auf dem Landweg immer gen Norden bis nach Kolumbien.

Schon immer hatte er einen Hang zu Sprachen, und zur Deutschen Sprache im Besonderen, sodass schließlich aus einer Wein-Laune heraus der Entschluss reifte, persönliche Gedichte nicht mehr nur fürs stille Kämmerlein zu schreiben, sondern in der Kunstform des Poetry Slams sich einem unbekannten, vielleicht auch kritischem Publikum zu stellen, um eigene Ideen mit anderen zu teilen und sich auch auf einer Bühne sicher zu fühlen.

Mittlerweile ist er, durch die Liebe bedingt, gerne im georgischen Kaukasus unterwegs. Durch schöne Zufälle lernte er dort einen Weinbauern kennen, dessen biologische Erzeugnisse -georgische Weine und Tresterbrände- er nun auch deutschen Gaumenfreunden zugänglich macht.